Hypertension Artérielle

30 superaliments naturels et éprouvés pour contrôler et réduire votre tension artérielle élevée et l'hypertension (Livre en Français/Blood Pressure in French)

Par Louise Jiannes

Pour encore plus d'excellents livres visitez :

HMWPublishing.com

Télécharger un autre livre gratuitement

Je tiens à vous remercier d'avoir acheté ce livre et vous offre un autre livre (tout aussi long et utile que l'est ce livre), « Erreurs de santé et de remise en Forme. Vous en faites sans le savoir », totalement gratuitement.

Visitez le lien ci-dessous pour inscrire et recevoir: www.hmwpublishing.com/gift

Dans ce livre, je vais indiquer les erreurs de santé et de remise en forme les plus courantes, que probablement vous commettez en ce moment même, et je vais vous révéler comment vous pouvez facilement obtenir en meilleure forme dans votre vie !

En plus de ce cadeau utile, vous aurez aussi l'occasion d'obtenir nos nouveaux livres gratuitement, de concourir pour des cadeaux et de recevoir d'autres e-mails utiles de ma part. Encore une fois, visitez ce lien pour vous inscrire: www.hmwpublishing.com/gift

TABLE DES MATIÈRES

Introduction   9

Chapitre 1 – Présentation de l'hypertension artérielle   12
COMMENT SE MANIFESTE L'HYPERTENSION ARTERIELLE ?   13

Chapitre 2 : Les dangers d'une pression artérielle élevée   16
Des dommages à vos Artères   17
- ☐ Artères rétrécies et abîmées :   18
- ☐ Anévrysme   18

Des dommages au cœur   19
- ☐ La maladie des artères coronaires   19
- ☐ l'hypertrophie ventriculaire gauche   20
- ☐ Arrêt cardiaque   20

Des dommages au cerveau   21
- ☐ Accident ischémique transitoire (AIT)   21
- ☐ Accident vasculaire cérébral   22
- ☐ Démence   23
- ☐ Déficience cognitive légère   23

Des dommages aux reins   24
- ☐ Insuffisance rénale   24
- ☐ Cicatrices du rein   25

☐ Anévrysme de l'artère rénale   26

Chapitre 3 : Causes et symptômes   27
L'hypertension artérielle essentielle   28
Hypertension secondaire   30

Chapitre 4 : Mesures préventives contre la pression artérielle élevée   32
Facteurs de prévention que vous pouvez contrôler   32
☐ Maintenir un poids normal et une bonne santé   33
☐ Manger une alimentation équilibrée   34
☐ Réduire la consommation de sodium   34
☐ Limitez l'alcool   35
☐ Faite de l'exercice régulièrement   35
☐ Surveillez votre tension artérielle   36
☐ Changer vos mauvaises habitudes   37

Chapitre 5 : des méthodes éprouvées pour contrôler l'hypertension artérielle sans médicaments   38
Qu'en est-il si vous avez déjà cette maladie en vous ?   39
Comment peut-on bénéficier d'un traitement naturel ?   42
☐ Perte de poids   43
☐ L'amélioration de l'endurance et de l'énergie   43
☐ Raviver la jeunesse   44
☐ Contrôler l'hypertension   44

- ☐ Pas d'effets secondaires !!! 45

Des méthodes naturelles pour contrôler votre hypertension artérielle sans médicaments 45

- ☐ Étape # 1 - Marcher, marcher, et marcher ! 46
- ☐ Étape # 2 - Inspirez, expirez ! 47
- ☐ Étape # 3 - Prendre plus de potassium, réduire le sodium de votre alimentation 47
- ☐ Étape # 4 - Ajouter du cacao à votre alimentation 49
- ☐ Étape # 5 – Les boissons alcoolisées aident, mais pas trop ! 50
- ☐ Étape # 6 - Évitez la caféine 51
- ☐ Étape # 7 - Évitez de trop travailler ! 52

Plus de soins alternatifs à inclure dans votre alimentation ! 53

- ☐ Sélénium 53
- ☐ Bêta-glucane 54
- ☐ L'arginine 55
- ☐ Huile de poisson ou graines de lin 55

Chapitre 6 : remèdes aux herbes : Comment peuvent-ils aider à normaliser votre tension artérielle **56**

- ☐ Arjuna (Terminalia arjuna) 56
- ☐ Pissenlit (Taraxacum officinale) 57
- ☐ Cayenne (Capsicum annuum) 58
- ☐ Gingembre (Zingiber officinale) 59
- ☐ Guggul (Commiphora wightii) 60

- ☐ L'ail (Allium sativum) 61
- ☐ Reishi (Ganoderma lucide) 62
- ☐ Aubépine (Crataegus) 62
- ☐ Aubépine épineuse (Crataegus laevigata) 63
- ☐ Le céleri (Apium graveolens) 64
- ☐ Cacao (Theobroma cacao) 64
- ☐ Valériane (Valériane officinale) 65
- ☐ Le brocoli (Brassica oleracea var. italica) et le feuillu vert foncé 65
- ☐ Curcuma (Lucuma Longa) 65
- ☐ Gingko Biloba 66
- ☐ Extrait de feuilles d'olivier 66
- ☐ Le Vinettier (l'Épine-vinette) 67
- ☐ Cayenne 67
- ☐ Trèfle rouge 68
- ☐ Luzerne cultivée (Medicago sativa) 68
- ☐ Persil 69
- ☐ Groseilles à maquereaux 69
- ☐ Oignon et miel 70
- ☐ Graines de fenugrec (Trigonella foenum-graecum) 70

Abaisse le cholestérol dans le sang 70
Réduit les risques de maladie cardiaque 71
Cela vous permet de rester en forme 71

Chapitre 7 : Gestion du stress : Responsabiliser le corps et l'esprit **73**

lien entre le stress et l'hypertension artérielle à long terme 73
Les activités qui peuvent réduire la pression artérielle 76
Faites un calendrier simplifié 77
Soyez conscient de votre respiration 78
Faire un travail régulier dehors 79
Méditer 80
Développer de bonnes habitudes de sommeil 82
Soyez optimiste 85

Chapitre 8 : la méditation contribue à la réduction de l'hypertension artérielle 88
Gérez votre santé, sauvez votre vie ! 93
Une façon de faire vos exercices de méditation 95

Conclusion 101

À propos du co-auteur 104

Introduction

Le nombre croissant de personnes touchées par l'hypertension artérielle a sensibilisé le public, mais être conscient de la maladie ou de son existence ne suffit pas à vous exclure de son passage mortel.

Pendant des décennies, cette maladie avait été ignorée et négligée en raison de ses symptômes silencieux, ce qui lui a value son surnom de « maladie silencieuse », maintenant les efforts du gouvernement se sont orientés vers sa réduction si ce n'est pas son élimination, et cette attention est mise en avant au public.

Si vous êtes l'une des nombreuses personnes, qui ne sont pas à l'aise de vivre avec l'idée que vous pourriez être touchés par cette maladie sans vraiment le savoir. Ce livre, « Solutions Naturelles pour Abaisser Votre

Hypertension » vous équipera des connaissances sur l'hypertension artérielle et sur comment l'inverser naturellement sans l'utilisation de médicaments.

De plus, alors que nous discutons le traitement de l'hypertension artérielle, nous devons aussi être conscients de ses mesures de prévention. Connaître tous les faits essentiels au sujet de ce tueur silencieux permettra de vivre une vie plus saine !

Aussi, avant de commencer, je vous recommande de vous joindre à notre bulletin électronique pour recevoir des mises à jour sur les nouvelles versions des livres et les promotions à venir. Vous pouvez vous inscrire gratuitement, et en prime, vous recevrez un cadeau gratuit. Notre livre « Erreurs de santé et de remise en forme : Vous en faites sans le savoir »! Ce livre a été écrit afin de démystifier, d'exposer le faire et ne pas faire et enfin de vous donner les informations dont vous avez besoin pour obtenir la meilleure forme de votre vie. En raison de la quantité énorme de mésinformation et de mensonges proférés par les magazines et les auto-proclamés « gourous », il devient de plus en plus difficile d'obtenir des informations fiables pour être en forme. Plutôt que d'avoir à passer par des dizaines de sources biaisées, peu fiables voir non fiables pour obtenir vos informations de santé et de remise en forme. Tout ce dont vous avez besoin pour vous aider a été indiqué dans ce livre pour vous aider facilement à suivre, à obtenir immédiatement des résultats et atteindre vos objectifs de fitness souhaités dans le plus court laps de temps.

Encore une fois, joignez-vous à notre bulletin électronique gratuit et recevez une copie gratuite de ce livre utile, s'il vous plaît visitez maintenant le lien d'inscription : www.hmwpublishing.com/gift

Chapitre 1 – Présentation de l'hypertension artérielle

L'hypertension artérielle est l'une des principales causes de décès aux États-Unis. Selon le récent rapport publié par le « Center for Disease and Control Prevention », environ 75 millions d'adultes américains ont une pression artérielle élevée. Pour vous donner un calcul rapide, c'est un adulte américain sur trois soit environ 29% de la population américaine. Environ 46 milliards de dollars sont dépensés par la nation chaque année pour couvrir les services de soins de santé et des médicaments. Cela inclut aussi les jours de travail manqués en raison de l'hypertension.

Les symptômes de l'hypertension artérielle sont parfois si doux qu'ils sont difficiles à détecter. Cependant, les résultats peuvent être mortels et doivent donc être pris avec la plus grande préoccupation. Non traitée, la tension artérielle élevée, également appelée « hypertension » peut endommager et peut laisser des cicatrices aux artères, on la trouve également même chez les personnes habituellement calmes et détendues. Cette « maladie silencieuse », comme elle ne donne pas de symptômes initiaux, est une maladie à long terme, ce qui peut éventuellement conduire à des complications et au décès.

COMMENT SE MANIFESTE L'HYPERTENSION ARTERIELLE ?

L'hypertension artérielle est l'impact du sang créé contre la paroi des artères lors de sa circulation à l'intérieur du corps humain. La pression sanguine est déterminée par la quantité de sang pompée par le cœur et sa résistance lors de son écoulement à travers les artères.

Quand il y a des blocages par l'accumulation de cholestérol, par des cicatrices ou des plaques dans les artères, cela affecte l'élasticité des parois artérielles et rétrécit la voie de la circulation sanguine, créant ainsi plus de pression, le cœur pompera plus difficilement le sang pour qu'il puisse atteindre les différentes parties du corps. Une telle augmentation de la pression peut endommager les muscles, les valves du cœur et peut entraîner une insuffisance cardiaque. Les dommages aux vaisseaux qui alimentent en sang et en oxygène les reins et le cerveau éventuellement créé un impact négatif sur ces organes du corps.

Trop de pression dans les vaisseaux sanguins et sur les parois artérielles peut causer des problèmes graves. Des artères saines sont généralement des tissus semi-souples et des muscles en bon état, lisse, élastique et extensible, de sorte que le sang coule en douceur à travers eux lorsque le cœur commence à pomper légèrement.

Cependant, quand il y a des blocages, le cœur est obligé de pomper plus en sondant les parois des artères, et s'il le fait trop, il pourrait briser le revêtement de la paroi des artères. Une fois les vaisseaux sanguins brisés, cela peut conduire à un AVC, à un mauvais fonctionnement des reins, à une insuffisance vasculaire périphérique ou une crise cardiaque, ce qui provoque la mort pour la majorité de ses victimes.

Il est donc essentiel de garder votre tension artérielle à un niveau normal pour réduire le risque de surextension des vaisseaux sanguins au-delà de leurs limites. La pression artérielle non contrôlée augmente les risques d'avoir de graves problèmes de santé et médicaux.

Chapitre 2 : Les dangers d'une pression artérielle élevée

L'hypertension artérielle est en constante augmentation dans les sociétés modernes en raison d'un mode de vie malsain. Cela peut être très inquiétant si vous n'êtes pas pleinement conscient de ses implications dans votre état de santé, mais si vous l'êtes, vous pouvez chercher des options utiles pour inverser ses effets.

L'hypertension artérielle peut silencieusement faire des dégâts graves au système de votre corps, bien avant l'apparition de symptômes. En prenant pour acquis que cela peut entraîner une invalidité, une vie de souffrance, et même une crise cardiaque sévère. Les gens qui ne sont pas traités peuvent mourir de pression artérielle élevée, de maladie cardiaque ischémique ou encore, d'une diminution du débit sanguin. D'autres meurent d'accident vasculaire cérébral. Un changement de mode de vie et un traitement peut aider à contrôler votre tension artérielle élevée pour réduire ces risques menaçant le pronostic vital. Maintenant, jetons un coup d'œil à certains dommages que cela peut causer à votre corps.

Des dommages à vos Artères

Lorsque vos artères sont en bonne santé, ils sont flexibles, élastique et solide avec une doublure intérieure lisse le long des parois pour laisser circuler librement le sang dans le corps. Ce processus est vital, car il fournit des nutriments et de l'oxygène aux tissus et organes vitaux. Lorsque la circulation sanguine est obstruée, cela provoque une augmentation de la pression dans la paroi artérielle, le cœur pompe alors vigoureusement le flux sanguin dedans. En conséquence de quoi, vous pourriez être confronté à ce qui suit :

- **Artères rétrécies et abîmées :**

    Lorsque vous avez un mode de vie malsain, votre corps recueille les graisses de votre alimentation et le stocke dans vos artères, obstruant l'écoulement de la circulation sanguine et, les parois de vos artères deviennent moins élastiques. Cela limite la circulation du sang de votre corps.

- **Anévrysme**

    Finalement, la pression constante du sang contre la paroi de l'artère affaiblie peut entraîner une partie de la paroi à former un renflement. Cette condition est appelée « un anévrisme. » Un anévrisme peut se rompre à tout moment et peut causer des saignements internes dans l'une de vos artères, mais principalement cela se produit dans l'aorte ou dans la plus grande artère dans votre corps.

Des dommages au cœur

Étant donné que votre cœur pompe le sang de votre corps, l'hypertension artérielle non contrôlée peut causer des dommages à votre cœur à bien des égards.

- **La maladie des artères coronaires**

Cette condition affecte les artères qui irriguent votre corps. La maladie rétrécit les artères et limite la libre circulation du sang au travers des artères. Lorsque vous avez cette maladie, vous pouvez découvrir un rythme cardiaque irrégulier appelé (arythmie cardiaque), des douleurs thoraciques ou des battements de cœurs irréguliers.

- **l'hypertrophie ventriculaire gauche**

    Quand votre cœur est obligé de travailler vigoureusement pour pomper le sang de votre corps, il provoque une raideur et un épaississement du ventricule gauche (appelée hypertrophie ventriculaire gauche). Ces modifications limitent également la capacité du ventricule à pomper le sang et augmente ainsi le risque d'une insuffisance cardiaque, d'une crise de cœur, et d'une attaque cardiaque pouvant provoquer une mort subite.

- **Arrêt cardiaque**

    Finalement, la pression sur votre cœur causée par la pression artérielle élevée affaiblit vos muscles cardiaques et les rendent moins fonctionnels. À force de s'affaiblir de jour en jour, cette condition va simplement aller vers votre cœur. Votre cœur va alors s'user dans le temps et s'arrêter et s'il y a eu des dégâts causés par une crise cardiaque, ils vont s'ajouter en plus au problème existant.

Des dommages au cerveau

Comme votre cœur, le cerveau dépend l'apport en sang qui le nourri afin qu'il puisse fonctionner correctement pour survivre. Cependant, quand il y a une pression artérielle élevée, cela peut causer des problèmes, y compris ceux que nous décrivons plus bas.

- **Accident ischémique transitoire (AIT)**

Considéré comme un « mini-AVC », cette condition est une interruption temporaire de l'approvisionnement du sang à votre cerveau. L'accident ischémique transitoire est souvent causée par une athérosclérose ou un caillot sanguin. Ces deux cas peuvent se produire quand il y a une pression artérielle élevée, et la présence d'un AIT est un avertissement que vous êtes à risque de faire un AVC.

- **Accident vasculaire cérébral**

    Lorsqu'une partie de votre cerveau est privé d'oxygène et des nutriments fournis par vos vaisseaux sanguins, cela provoque la mort des cellules de votre cerveau. Donc, quand vous avez une pression artérielle élevée laissée sans contrôle ou qui est négligé, cela peut provoquer le rétrécissement, la rupture ou les fuites des vaisseaux sanguins menant à votre cerveau.

    L'hypertension artérielle peut également provoquer la coagulation du sang dans les artères qui bloquent le flux sanguin du cerveau, causant un accident vasculaire cérébral.

- **Démence**

    Cette condition est associée à des problèmes de capacités cognitives comme la pensée, le parler, le raisonnement, la mémoire, la vision et les mouvements. Il existe diverses causes de démence, y compris la démence vasculaire, qui est atteinte par le rétrécissement et le blocage des artères qui fournissent le sang au cerveau. Il peut également conduire à un accident vasculaire cérébral qui provoque une interruption du flux sanguin menant au cerveau. Dans tous ces cas, c'est la pression artérielle élevée qui la provoque principalement.

- **Déficience cognitive légère**

    Il y a une étape de transition, qui se produit entre les changements dans la compréhension et la mémoire au fur et à mesure que l'on vieilli et cela pousse les problèmes plus graves à se développer, comme par exemple, la maladie d'Alzheimer. Tout comme la démence, cela résulte d'une circulation sanguine bloquée par les artères endommagées d'une pression artérielle élevée.

Des dommages aux reins

En règle générale, la fonction de vos reins est de filtrer les déchets liquides en excès de votre sang, si bien que ce processus dépend de la santé de vos vaisseaux sanguins. Lorsque la pression artérielle blesse les vaisseaux sanguins menant à vos reins, cela peut causer de nombreux types de maladies rénales (néphropathie). Si vous souffrez de diabète, cela peut même aggraver les dégâts.

- **Insuffisance rénale**

L'insuffisance rénale est causée par une pression artérielle élevée et va endommager aussi bien les grandes artères menant à vos reins que les petits vaisseaux sanguins (glomérules) de vos reins. Les dommages à l'un de ces deux, affecte la fonction normale de vos reins et entrave l'efficacité du filtrage des déchets du sang. En fin de compte, un niveau dangereux de déchets et de liquides peut s'accumuler dans votre corps ce qui peut au final nécessiter une dialyse ou une greffe de rein.

- **Cicatrices du rein**

La glomérulosclérose est un type de lésion rénale causée par la cicatrisation des glomérules (glo-MER-u-le). Les glomérules sont les minuscules amas de vaisseaux sanguins des reins qui filtre les liquides et déchets présent dans votre sang. La glomérulosclérose peut laisser à vos reins une incapacité à filtrer efficacement les déchets, et conduire à une insuffisance rénale.

- **Anévrysme de l'artère rénale**

C'est un type d'anévrisme se produisant aux reins. Une cause possible de cette maladie est l'athérosclérose, qui endommage et affaiblit la paroi de l'artère. À long terme, une artère affaiblie peut provoquer une section pour former un anévrisme, pouvant rompre à tout moment et provoquer une hémorragie interne menaçant la vie.

Chapitre 3 : Causes et symptômes

Il est difficile d'identifier la cause exacte de l'hypertension artérielle, mais de nombreux facteurs et conditions peuvent avoir d'une certaine façon contribuée à son développement.

Voici quelques-unes d'entre elles :

- L'obésité ou le surpoids

- Le manque d'activité physique

- Trop de consommation de sel et d'alcool

- Être fumeur

- Les gènes et les antécédents familiaux, y compris l'hypertension artérielle

- Du stress ingérable

- Des affections rénales chroniques

- Troubles de la thyroïde et surrénales

- Apnée du sommeil

L'hypertension artérielle essentielle

Aux États-Unis, plus de 95% des cas de haute pression artérielle rapportés, ont une cause sous-jacente non déterminée. Pour ce type de pression artérielle élevée, les gens du monde médical l'appellent « hypertension artérielle essentielle. »

Mystérieuse comme elle l'est, l'hypertension artérielle essentielle est associé à des facteurs de risque spécifiques. L'hypertension artérielle a tendance à affecter plus les hommes que les femmes et on observe également sa transmission dans les familles.

De plus, l'âge et la race jouent également un rôle essentiel. Les Afro-américains vivant aux États-Unis sont deux fois plus susceptibles d'avoir une tension artérielle élevé par rapport aux personnes de race blanche, toutefois cet écart diminue vers l'âge de 44. Beaucoup femmes noires auront plus fréquemment une hypertension artérielle élevé à l'âge de 65 ans et plus.

D'autres facteurs qui influencent l'hypertension artérielle essentielle sont l'alimentation et le mode de vie. Le lien entre le sel et l'hypertension artérielle est établie de longue date. Les Japonais vivant dans les îles du nord du Japon sont connus pour consommer plus de sel par habitant que les gens dans le reste du monde, et ils ont le plus fort taux d'hypertension artérielle essentielle. En revanche, ceux qui n'utilisent pas de sel dans leur nourriture n'ont aucune trace d'hypertension artérielle essentielle.

Les personnes souffrant d'hypertension artérielle sont hypersensibles, en d'autres termes, cela signifie que même un petit excès de sel ajouté à ce qui est généralement nécessaire au corps peut faire monter leur niveau de tension artérielle en flèche. D'autres facteurs qui comptent pour l'hypertension artérielle essentielle sont : une insuffisance en calcium, en magnésium, en potassium, une consommation chronique d'alcool, l'obésité et le diabète.

Hypertension secondaire

Contrairement à l'hypertension artérielle essentielle, la pression artérielle secondaire ou « hypertension secondaire » est un type de pression artérielle élevée, dont on connaît la cause directe ou qu'en quelque sorte on la pointe du doigt. Les maladies rénales se classe parmi les causes les plus élevé amenant à l'hypertension secondaire.

Ce type d'hypertension artérielle peut être déclenchée par des tumeurs et d'autres anomalies qui amène les glandes surrénales à produire une quantité excessive d'hormone allant augmenter la tension artérielle.

Les facteurs qui peuvent faire monter une pression artérielle sont :

- Une grossesse

- Les pilules contraceptives, en particulier celles qui contiennent des œstrogènes

• Les médicaments qui compriment les vaisseaux sanguins

Chapitre 4 : Mesures préventives contre la pression artérielle élevée

Faire un effort supplémentaire pour prévenir l'apparition de l'hypertension artérielle peut aider à la réduction des accidents vasculaires cérébraux, des crises cardiaques, et pour beaucoup d'autres maladies graves pouvant conduire à la mort. Si vous êtes à risque d'hypertension artérielle, il serait mieux pour vous de prendre des mesures de prévention.

Facteurs de prévention que vous pouvez contrôler

Certains facteurs tels que, l'âge et les gènes, y compris les antécédents médicaux de la famille sont des éléments qui échappent à votre contrôle. Par conséquent, si vous voulez éviter l'apparition de l'hypertension artérielle, vous devez vous concentrer sur les facteurs de risque que vous pouvez changer. Nous ne sommes pas en mesure de faire quelque chose au sujet de notre âge ou de ce qui constitue notre ADN, mais nous pouvons toujours changer notre mode de vie pour un mode de vie plus sain.

Voici quelques trucs à prendre en compte pour le passage à un mode de vie sain.

- **Maintenir un poids normal et une bonne santé**

Le maintien d'un poids santé est crucial en ce qui concerne l'hypertension. Le surpoids et l'obésité peut entraîner plus de complications, ce qui pourra éventuellement conduire au décès. Les gens qui sont en surpoids ont besoin de perdre du poids, si vous êtes de poids moyen, évitez de prendre plus de kilos. Aussi, si vous avez un surpoids, perdre jusqu'à cinq kilos peut aider à prévenir l'apparition de l'hypertension artérielle. Il y a des ressources en ligne pour vous aider à connaître votre poids idéal et votre indice de masse corporelle (IMC).

- **Manger une alimentation équilibrée**

   Manger une alimentation saine et équilibrée peut aider à maintenir votre tension artérielle sous contrôle. Mangez des aliments qui sont riches en potassium tout en gardant une limite sur les calories, les graisses, le sodium et le sucre. Le plan d'alimentation DASH est connu pour aider à la gestion de l'hypertension artérielle.

- **Réduire la consommation de sodium**

   Plus vous consommez du sodium, plus votre pression artérielle augmente. Par conséquent, il est préférable de réduire votre consommation de sodium en évitant les aliments qui sont riches en teneur en sodium comme les aliments préparés et les aliments transformés. Cela aidera aussi à contrôler et à empêcher l'ajout de sel à vos repas.

- **Limitez l'alcool**

    Boire trop d'alcool épaissit le sang et crée donc plus de pression au cœur pour le faire couler dans vos veines en toute liberté. Ainsi, évitez de boire plus d'un verre par jour.

- **Faite de l'exercice régulièrement**

    Cela prend de l'activité pour être en santé, l'activité physique est essentielle lorsqu'on se réfère à l'hypertension artérielle. Plus vous faites d'exercices, mieux c'est. Cependant, même juste un peu d'exercice peut faire beaucoup pour réduire le risque d'hypertension. Commencer à faire une quantité modérée d'exercice pendant environ 30 minutes. Faire un entraînement deux à trois fois par semaine est une cible idéale pour commencer.

- **Surveillez votre tension artérielle**

Une fois que vous avez fait les moyens énoncés ci-dessus, assurez-vous de surveiller régulièrement votre tension artérielle. Pour ce faire, vous pouvez le faire dans une clinique ou le faire à la maison. Étant donné que l'hypertension ne montre souvent aucun symptôme, seule une lecture de la pression artérielle peut vous donner une mesure précise de votre tension artérielle. Une lecture de pression sanguine dans la gamme de 120-139 / 80-89 mm de mercure (mmHg) vous met dans un risque accru de développer une tension artérielle élevée.

- **Changer vos mauvaises habitudes**

Aussi, jetez un œil à votre style de vie et voyez ce qui doit changer dans vos habitudes. Essayez de franchir de petits objectifs comme manger des fruits et des légumes au lieu de la malbouffe entre les repas. Prenez ces habitudes dans le cadre de votre routine quotidienne.

Chapitre 5 : des méthodes éprouvées pour contrôler l'hypertension artérielle sans médicaments

Bien que nous ayons mis en place des mesures préventives pour prévenir l'apparition d'une pression artérielle élevée, même si nous savons qu'il n'est pas facile de faire un changement à 360 degrés dans votre mode de vie. Avec le genre de la vie moderne que nous avons aujourd'hui, quand presque tout le monde est toujours sur la route, nous remplissons notre estomac avec des aliments prêts-à-manger dès leur sortie de l'emballage. Nous savons que ces aliments sont loin de donner une bonne santé et à moins que vous ne soyez pas déterminés à changer vos habitudes, vous devriez éviter de manger cette sorte d'aliments.

Qu'en est-il si vous avez déjà cette maladie en vous ?

Comme je l'ai dit, l'hypertension artérielle est une maladie qui ne doit pas être ignoré. Les décès liés à l'hypertension artérielle sont élevés, presque 100 000 chaque année et cela continue d'augmenter rapidement. Certaines personnes ignorent tout simplement leur problème alors que d'autres choisissent des médicaments ayant des effets nocifs. Mais, de nos jours, la majorité des personnes ont recours à l'utilisation de remèdes simples et naturels et, qui sont de retour pour traiter l'hypertension artérielle. Il existe de nombreux remèdes naturels éprouvés au cours des années pour lutter contre l'hypertension artérielle.

Avant d'envisager la prise de médicaments pour votre problème d'hypertension, prendre note des faits suivants :

- Les compagnies pharmaceutiques sont considérées comme l'une des entreprises les plus lucratives du 21e siècle.

- Le nombre d'hôpitaux a augmenté ces dernières décennies de façon exponentielle. Avant c'était du soi-disant aux baby-boomers et aux personnes arrivant à l'âge de la retraite, cependant, des études récentes montrent que les gens ont tendance à compter davantage sur les médecins de nos jours pour tous les aspects de leur santé physique.

- Les taux d'assurance et de couverture ont connu une croissance trop élevée en partie à cause de frais médicaux exagérés et du coût des prescriptions.

Évidemment, tous les médicaments ne sont pas dangereux. Beaucoup ont un effet positif et sont bénéfiques pour notre société. Cependant, certains médicaments sont nocifs à certains égards, ils sont rudes et amènent des effets secondaires mortels de bien des façons.

Néanmoins, des millions de personnes choisissent actuellement le renoncement aux médicaments donnant des effets secondaires dangereux et recourent plutôt à la thérapie holistique et aux traitements naturels contre l'hypertension artérielle. La thérapie holistique, se réfère aux soins apportés à la globalité de l'être humain. Autrement dit, au lieu de se concentrer sur le traitement d'une maladie, l'approche holistique se penche sur le physique général d'un individu, émotionnel, mental et le bien-être spirituel avant de recommander un traitement.

Cette approche holistique du traitement naturel peut impliquer un régime ou plan alimentaire, de l'exercice régulier, la méditation, et bien plus encore. Elle s'attaque à la pression artérielle élevée sur de nombreux angles différents et peut guérir complétement la personne sans l'utilisation de médicaments pharmaceutiques !

Comment peut-on bénéficier d'un traitement naturel ?

En dehors de la prévention des effets secondaires potentiellement mortelles des médicaments, il y a diverses raisons pour lesquelles vous devriez envisager de traiter naturellement l'hypertension artérielle.

Voici quelques trucs que vous devriez envisager de le faire :

- **Perte de poids**

Les personnes qui subissent des traitements naturels apprennent non seulement comment ils vont guérir leur hypertension artérielle, mais aussi réussissent à perdre le poids en surplus. Lorsque vous connaissez le bon type de nourriture à manger, vous réduisez vos envies et pouvez donc perdre 1 à 2 livres (de ½ à 1 kilo) par semaine.

- **L'amélioration de l'endurance et de l'énergie**

En raison d'une bonne nutrition, vous ferez l'expérience une meilleure endurance et d'énergie, vous pouvez donc faire des choses que vous appréciez. Quand on a un corps sain, la vie peut être meilleure à comparer à ceux qui n'ont pas un corps sain et en forme.

- **Raviver la jeunesse**

    Lorsque vous avez une pression artérielle élevée, vous manquez de vitamines importantes et de minéraux qui sont nécessaires à l'organisme. Les vitamines et les minéraux comme le calcium, le magnésium et le zinc jouent un rôle vital dans la normalisation de votre tension artérielle. Lorsque vous avez des niveaux adéquats de ces substances, vous vous sentez beaucoup plus jeune et vivant.

- **Contrôler l'hypertension**

    Il y a plus de mille bénéfices à faire de l'exercice et le contrôle de votre tension artérielle est l'un d'entre eux.

Apprenez un exercice simple, que vous pouvez faire tous les jours pendant 20-30 minutes, et vous finirez par découvrir que votre tension artérielle va revenir à la normale.

- **Pas d'effets secondaires !!!**

Contrairement aux médicaments pharmaceutiques, le seul effet secondaire que vous pouvez obtenir du remède naturel, c'est de se sentir mal de ne pas l'avoir essayer plus tôt.

Des méthodes naturelles pour contrôler votre hypertension artérielle sans médicaments

Un changement de mode de vie montre une pression artérielle normalisée dans environ 86 pour cent de ceux qui ont cette maladie. Par conséquent, si vous voulez inverser votre hypertension, vous devez normaliser votre poids. Une fois que vous commencez à avoir de plus saines habitudes alimentaires, vous pouvez commencer à adapter les stratégies suivantes pour battre votre hypertension.

- **Étape # 1 - Marcher, marcher, et marcher !**

Commencez à marcher autant que vous le pouvez. Travaillez à marcher lentement pour faire de plus longues distances. Essayez la marche énergétique, la marche rapide pendant environ 30 minutes par jour. Cette activité peut augmenter votre apport en oxygène dans le corps pour garder votre fonction cardiaque douce et efficace. Comme vous vous habituez à pouvoir marcher, essayez d'augmenter votre vitesse et la distance pendant que vous augmentez votre force et votre endurance.

- **Étape # 2 - Inspirez, expirez !**

  Prenez le temps de respirer profondément. Asseyez-vous sur une chaise avec votre dos droit. Respirez aussi profondément que vous pouvez pendant cinq ou dix minutes. Les hormones d'un stress élevé créé une enzyme rénale appelée rénine, qui augmente la pression artérielle. En respirant lentement et profondément jusqu'à l'expansion de votre ventre, vous expirez toute la tension de votre corps. Ajouter le Qi gong, le tai-chi, la méditation ou le yoga à une respiration profonde est un autre des excellents briseurs de stress.

- **Étape # 3 - Prendre plus de potassium, réduire le sodium de votre alimentation**

Attention à la quantité de protéines animales de votre alimentation, car trop manger certaines d'entre elles provoque une augmentation le taux d'acide du corps et diminue le niveau de potassium. Par conséquent, il est préférable d'ajouter plus d'aliments naturellement riches en potassium à vos repas tels que les fruits et les légumes frais, les grains entiers, les produits laitiers, la volaille, la viande et le poisson.

Les aliments riches en potassium comprennent le brocoli, le flétan, le thon, les épinards, le persil, les oranges, les bananes, les avocats, les fraises, les champignons de paris, les choux de Bruxelles, les haricots, le thon, les aubergines, les abricots, les pruneaux secs, raisins, cantaloup, melon miel, pommes de terre, les pois, les courges, bettes, patates douces, les poivrons, les concombres, les tomates et le chou.

Achetez peu d'aliments transformés et limitez votre consommation de sodium en n'achetant pas des aliments contenant un niveau de sodium élevé. Vous pouvez éviter cela en lisant les étiquettes des aliments, à force vous deviendrez plus conscients de la quantité de sel dans chaque paquet de nourriture que vous achetez à l'épicerie ou au supermarché. Les personnes ayant une pression artérielle élevée sont parfois sensibles au sel. Parce qu'il n'y a pas de test disponible pour montrer si vous êtes sensibles au sel ou non, il est donc essentiel de connaître la quantité de sel que vous prenez pour ainsi être en mesure de la réduire autant que possible.

- **Étape # 4 - Ajouter du cacao à votre alimentation**

Ajoutez à votre alimentation 15 grammes de chocolat noir contenant au moins 70 pour cent de cacao. Le chocolat noir contient une substance appelée « flavanols », qui rendent les vaisseaux sanguins plus élastique. L'élasticité des vaisseaux sanguins contribue à abaisser baisser la pression artérielle.

Les flavanols du cacao sont bioactifs et sont dérivés des fèves de cacao. Des études sur les fèves de cacao ont révélé que les flavanols pourraient améliorer les fonctions cardiovasculaires tout en réduisant la charge du cœur qui vient avec le vieillissement et le raidissement du cœur. L'étude révèle en outre que la consommation de flavanols de cacao réduit le risque de développer des maladies cardio-vasculaires.

- **Étape # 5 – Les boissons alcoolisées aident, mais pas trop !**

En prenant environ ¼ à 1/2 verre de boisson alcoolisée contribue à abaisser votre tension artérielle. Des études ont révélé qu'une petite quantité de boisson alcoolisée par jour diminue le risque de maladie cardiaque et protège le cœur. Cependant, plus que cela est préjudiciable.

- **Étape # 6 - Évitez la caféine**

Des études sur la caféine montrent qu'elle provoque la pression artérielle élevée en resserrant les vaisseaux sanguins. Cela met en évidence les effets du stress et augmente l'hypertension artérielle aussi. Par conséquent, vous pouvez éviter les pics de pression artérielle lorsque vous êtes stressé, buvez du café décaféiné et d'autres boissons.

Boire du café d'hibiscus est associée à une diminution significative de l'hypertension. Une étude a prouvé que boire 3 tasses de café d'hibiscus par jour pendant six semaines apporte une modification substantielle du niveau de la pression artérielle des participants. Le « Journal of Nutrition » a publié que le thé d'hibiscus peut faire baisser la pression artérielle naturellement et était efficace chez les adultes qui sont classés comme légèrement hypertensive ou pré-hypertenseur.

- **Étape # 7 - Évitez de trop travailler !**

Travailler pendant plus de 41 heures par semaine peut ajouter l'hypertension à la liste des risques pour la santé, car les personnes qui travaille trop ont tendance à manger des aliments moins sains et n'ont pas assez de temps pour faire de l'exercice. La surcharge des responsabilités et des tâches ajoute du stress à votre routine quotidienne, qui pourrait ensuite vous apporter plus de problèmes de santé. Par conséquent, essayez de vous reposer aussi souvent que vous le pouvez.

Plus de soins alternatifs à inclure dans votre alimentation !

Il y a beaucoup d'autres façons de normaliser votre tension artérielle élevée, et vous pouvez en inclure dans votre alimentation. En voici quelques-uns :

- **Sélénium**

Sélénium, le cuivre et le zinc ne sont que quelques-uns des éléments composés qui peuvent être utiles. De nombreuses études montrent que les personnes atteintes de maladies cardiaques sont souvent déficitaires de ces éléments. Vous pouvez avoir des suppléments ayant certaines de ces caractéristiques en ajoutant des multivitamines à votre alimentation. Les sources de sélénium sont la viande, les noix, les noix du Brésil, les légumes vert foncé, et le blé. Le zinc se trouve généralement dans les haricots, la viande et les produits laitiers tandis que le cuivre est présent dans les fruits de mer, les légumineuses, les noix, les foncés, les légumes en feuilles.

- **Bêta-glucane**

    Cette substance abaisse le taux de cholestérol et réduit également la pression artérielle résultant de l'hypercholestérolémie. Vous pouvez obtenir du bêta-glucane dans le son d'avoine et le maitake (champignon polypore en touffe). Cet élément supplémentaire aide à déplacer les déchets hors du corps humain. En prenant 200 mg de son d'avoine (environ une cuillère à café) par jour, cela peut faire baisser l'hypertension.

- **L'arginine**

    Prendre 2 grammes d'arginine par jour peut réduire la pression systolique de 20 points et cela en seulement deux jours. L'arginine est un acide aminé semi-essentiel qui aide le corps à produire l'acide nitrique qui régule la pression artérielle et le cholestérol.

- **Huile de poisson ou graines de lin**

Connu sous le nom d'acide gras oméga 3, l'huile de poisson est bénéfique pour ceux qui souffrent d'hypertension. L'huile de poisson protège le cœur et abaisse la tension artérielle. Pour les végétariens, vous pouvez essayer les graines de lin. Consommer juste une cuillère à soupe de graines de lin au quotidien peut vous aider à réduire votre hypertension de neuf points.

Chapitre 6 : remèdes aux herbes : Comment peuvent-ils aider à normaliser votre tension artérielle

L'un des traitements naturellement acceptées pour l'hypertension artérielle est l'utilisation de remèdes maison à base de plantes. L'augmentation récente des mouvements anti-médicaments pharmaceutiques a pour principale raison le fait que les personnes ont des effets secondaires résultant de l'utilisation de ces médicaments pharmaceutiques, sans parler des prescriptions qui sont coûteuses.

Remèdes à base de plantes pour l'hypertension artérielle

- **Arjuna (Terminalia arjuna)**

La plante Arjuna est associé au traitement de l'hypertension artérielle. Son écorce est connue pour son remarquable remède contre la maladie en protégeant le cœur et l'arrêt des saignements, il renforce le muscle cardiaque tout en améliorant la circulation sanguine.

Les coenzymes Q10 et les glycosides triterpéniques aident le cœur et les vaisseaux sanguins artériels à fonctionner correctement, on les trouve en abondance dans l'Arjuna. L'utilisation régulière de ce médicament à base de plantes aidera à éliminer le risque d'hypertension et à prévenir les autres dommages du cœur et le reste des organes vitaux qui sont touchés par l'hypertension artérielle.

- **Pissenlit (Taraxacum officinale)**

Si vous avez un problème de rétention d'eau, le pissenlit peut être utile car il permet d'augmenter le débit urinaire et aide à diminuer la pression artérielle. Un des bénéfices de l'utilisation de pissenlit est l'élimination de la perte de potassium, les diurétiques pharmaceutiques en ont souvent. Cependant, assurez-vous que lorsque vous utilisez des feuilles de pissenlit, quelles n'ont pas été traités avec des pesticides.

- **Cayenne (Capsicum annuum)**

Le poivre ou piment de Cayenne à l'amincissement du sang, abaissant ainsi votre tension artérielle. Il suffit d'utiliser les graines mexicaines ou thaïlandaises pimentées comme celles du piment serrano ou encore du piment oiseau, qui sont parmi les plus piquants des produits de poivre de Cayenne.

Pour utiliser le poivre de Cayenne en remède, prenez juste une tasse d'eau tiède mélangée avec une cuillère à café de poivre de Cayenne. Buvez ce mélange pour vous entretenir.

- **Gingembre (Zingiber officinale)**

Une autre plante qui est couramment utilisé comme une épice de cuisson est le gingembre. Bien que nous consommions souvent cet ingrédient en cuisine à la maison, nous ne sommes pas conscients de ses bien faits pour la santé, y compris pour la régulation de l'hypertension artérielle. Le gingembre est très utile pour améliorer la circulation sanguine, le traitement des nausées, détendre les muscles des artères, ce qui facilite la digestion, et soulage les nausées matinales.

Le gingembre peut se présenter sous diverses formes, y compris en racines séchées, en capsules, en racines fraîches, en huile, en extrait liquide, poudre, supplément, etc. Vous pouvez le manger cru ou l'ajouter à vos plats délicieux.

Alors que le gingembre est proclamé comme sûr et efficace pour l'hypertension, certaines personnes peuvent possiblement ressentir certains effets secondaires, vous devez vous montrer prudent, il existe pour certains des réactions allergiques, des troubles gastriques, des problèmes de brûlures d'estomac ou l'irritation de la bouche.

- **Guggul (Commiphora wightii)**

Cette plante pousse principalement en Inde, mais on peut également la trouver dans d'autres pays d'asie centrale et en Afrique du Nord. Les études indiquent que cette plante étonnante peut réduire le mauvais cholestérol (LDL) et de traiter également les problèmes de santé liés au psoriasis, une maladie vasculaire artériosclérose et à l'ischémie cardiaque.

- **L'ail (Allium sativum)**

Pendant longtemps, nous avons connu l'ail comme ingrédient aromatique et nous avons utilisé pour l'assaisonnement alimentaire. Cependant, nous ne nous prenions pas en compte que l'ail abaisse notre tension artérielle de dix pour cent. Même quand il est sous forme de capsules en gel, l'ail a toujours le même effet.

L'ail possède également la capacité de réduire la coagulation sanguine et efface vos artères du mauvais cholestérol et des plaques. Pour de meilleures performances, une consommation quotidienne de 1 ou 2 gousses pendant 90 jours est suffisante pour prévenir et minimiser les effets de l'hypertension artérielle. Il peut soit être consommés crus, soir être inclus dans vos repas cuisinés.

- **Reishi (Ganoderma lucide)**

Le ganoderme luisant est une espèce de champignon associées à l'abaissement de la pression sanguine. Le champignon est presque immangeable mais il est disponible sous forme de capsules.

- **Aubépine (Crataegus)**

L'aubépine provoque la détente et la dilation des parois artérielles, bien que cela puisse prendre plusieurs semaines voir plusieurs mois avant de montrer son effet.

- **Aubépine épineuse (Crataegus laevigata)**

L'aubépine épineuse est bénéfique pour l'élargissement des vaisseaux sanguins artériels, ce qui empêche la croissance de l'athérosclérose, et contribue à la diminution du le taux de cholestérol, à l'amélioration de la circulation sanguine et à la régulation du rythme cardiaque.

Vous pouvez consommer cette herbe en la buvant sous forme de thé en utilisant ses feuilles et ses fleurs séchées. Vous pouvez également inclure des suppléments de baies d'aubépine dans votre régime alimentaire. Quelle que soit la façon dont vous utilisez, vous pouvez profiter d'une réduction de 2,60 HG de votre niveau de pression artérielle. Tous ces résultats établis l'aubépine comme traitement à base de plantes fiable pour la pression artérielle.

- **Le céleri (Apium graveolens)**

Le céleri a été utilisé comme remède depuis le début de l'antiquité, et il est un traitement à base de plantes unique pour la pression artérielle. Il aide à augmenter l'écoulement de l'urine. Les indiens l'ont utilisé dans leur vie quotidienne et on reconnut le céleri comme l'un des meilleurs remèdes à l'hypertension artérielle.

- **Cacao (Theobroma cacao)**

Une autre herbe fantastique qui est associée comme un abaissement efficace de la pression artérielle est le cacao. Il fonctionne comme un antioxydant tout comme le thé et le vin rouge. Selon les chercheurs, une dose quotidienne de 3,5 onces (85 grammes) de cacao est aussi efficace que de prendre une dose quotidienne de médicaments pour l'hypertension artérielle.

- **Valériane (Valériane officinale)**

La valériane détend les muscles lisses qui tapissent les parois artérielles en empêchant leur constriction.

- **Le brocoli (Brassica oleracea var. italica) et le feuillu vert foncé**

Le brocoli et les légumes à feuilles vert foncé sont riches en vitamines et en minéraux, ils sont un besoin essentiel pour les personnes ayant une pression artérielle élevée. On trouve du magnésium et du calcium en abondance dans le brocoli et les autres légumes à feuilles sombres.

- **Curcuma (Lucuma Longa)**

    L'épice Curcuma est souvent utilisé dans les currys. Il posséde des propriétés anti-inflammatoires et antioxydantes qui abaissent le taux de cholestérol et renforcent les vaisseaux sanguins, ils réduisent ainsi la pression artérielle.

- **Gingko Biloba**

    Le gingko biloba est connu comme un remède à base de plantes chinoise pour l'hypertension, il améliore la circulation du sang et dilate les artères. Il améliore également la mémoire et rend alerte mentalement.

- **Extrait de feuilles d'olivier**

    L'extrait dérivé de la feuille d'olivier est utilisé comme remède pour l'hypertension artérielle afin de lutter contre le rythme cardiaque irrégulier, que l'on appelle « arythmie. »

- **Le Vinettier (l'Épine-vinette)**

Avec ce remède à base de plantes, le flux sanguin est facilité par le fonctionnement correcte des artères en dilatant les vaisseaux sanguins grâce à la libération de la tension sur les artères.

- **Cayenne**

Les épices de cayenne sont connues comme la meilleure herbe pour l'hypertension artérielle avec l'ail. Pour obtenir les meilleurs résultats, choisissez la plus épicée des épices de cayenne. Les épices de cayenne sont connues pour entraîner un contrôle adéquat de la pression artérielle.

- **Trèfle rouge**

Les personnes ayant une pression artérielle élevée ont tendance à avoir leur sang épaissi résultant un effort supplémentaire du cœur à pomper le sang à travers les vaisseaux. La pression donc contre l'artère exacerbée est à l'origine de l'hypertension. Le trèfle rouge est excellent pour l'amincissement du sang et par conséquent pour abaisser la tension artérielle et améliorer la circulation sanguine. Pour être efficacement utilisé, le trèfle rouge a besoin d'être en bon état, les fleurs doivent rester violetés. Un trèfle de couleur brune est seche et a perdu de son efficacité.

- **Luzerne cultivée (Medicago sativa)**

    La luzerne cultivée aide à adoucir le durcissement des artères, tout en réduisant l'hypertension artérielle. Elle joue un rôle essentiel dans le traitement de l'hypertension.

- **Persil**

    Le persil est excellent dans le maintien de la circulation sanguine et l'ensemble du système circulatoire du corps en abaissant la tension artérielle.

- **Groseilles à maquereaux**

    Connu sous le nom de « Amla » en Inde, la groseille peut être consommé avec du miel sous sa forme de jus. Prendre 1 à 2 cuillère à soupe par jour avec un estomac vide est comme un premier bénéfique pour les personnes ayant une pression artérielle élevée.

- **Oignon et miel**

Un mélange de jus d'oignon et le miel peut faire des merveilles pour les personnes ayant une pression artérielle élevée. Boire deux cuillères à café par jour de ce mélange peut inverser l'effet de la pression artérielle et vous aide à revenir à une pression sanguine stable.

- **Graines de fenugrec (Trigonella foenum-graecum)**

Les graines de cette plante son connues pour donner divers avantages à la santé, en comprenant les éléments suivants :

Abaisse le cholestérol dans le sang

Des études ont prouvé que le fenugrec contribue à réduire le taux de cholestérol, en particulier le LDL ou lipoprotéines de basse densité. L'herbe est connue pour être enrichi en saponines stéroïdiques, qui est associé à l'absorption du cholestérol et des triglycérides.

Réduit les risques de maladie cardiaque

Les feuilles de fenugrec contiennent une grande quantité de potassium qui permette de contrer les effets négatifs du sodium dans le corps et aident la fréquence cardiaque et le contrôle de la pression artérielle.

Cela vous permet de rester en forme

Lorsque vous incluez du fenugrec dans votre alimentation en mâchant des graines trempées dans la matinée avec l'estomac vide, les fibres naturelles du fenugrec peuvent remplir et provoquer un gonflement de l'estomac, supprimant votre appétit. Cela vous aide à atteindre vos objectifs de perte de poids, et à tendance à enlever vos envies d'aliments.

Toutes les conditions ci-dessus sont bénéfiques et vous aideront à réduire naturellement votre tension artérielle.

Chapitre 7 : Gestion du stress : Responsabiliser le corps et l'esprit

Il est encore discutable de dire que la pression artérielle à long terme et le stress sont connectés. Cependant, prendre des mesures pour gérer et réduire votre stress profite considérablement à votre santé globale, de même qu'à votre tension artérielle.

Lien entre le stress et l'hypertension artérielle à long terme

Alors que les experts ne peuvent pas définir la relation directe entre ces deux, il est prouvé que les événements stressants peuvent provoquer l'augmentation temporaire de la pression artérielle. Ce que vous pouvez faire pour éviter une pression artérielle élevée à long terme est de prendre des mesures préventives qui seront bénéfiques pour votre santé à la fois pour l'esprit et le corps.

Les exercices physiques sont une méthode sans médicaments qui vous aide à réduire votre tension artérielle. Ils réduisent votre niveau de stress car ils libèrent des endorphines, qui sont essentiels pour vous faire vous sentir bien en vous-même et être bien autour de vous. Par exemple, vous pouvez vous exercer 3 à 5 fois par semaine pendant environ une demi-heure pour réduire votre niveau de stress. D'autres activités physiques telles que faire les tâches ménagères, le jardinage, la danse, la natation, le jogging ou peuvent également augmenter votre taux de respiration et générer des avantages pour votre cœur et rendre votre tension artérielle sous contrôle.

Rappelez-vous que dans des situations stressantes, votre corps produit une poussée d'hormones, qui peut amener votre cœur à battre plus vite pendant un certain temps avec un rétrécissement des vaisseaux sanguins dans le processus. Comme nous l'avons mentionné plus haut, il n'y a pas de preuve absolue que le stress résulte directement de la pression artérielle à long terme, mais des comportements tels que la boulimie, le tabagisme, la toxicomanie et l'observation de mauvaises habitudes de sommeil peuvent tous contribuer à une pression artérielle élevée. Les heures supplémentaires, ces séries de fortes augmentations temporaires de la pression artérielle peuvent vous mettre en danger d'avoir une pression artérielle élevée à long terme.

D'autre part, les conditions de santé liée au stress tels que l'isolement, l'anxiété et la dépression, peuvent être reliés à une maladie cardiaque et peuvent ne pas être liés à l'hypertension artérielle du tout. La raison peut-être la cause des hormones qui sont produites au cours des moments de stress.

Ces hormones peuvent alors endommager les artères, vous exposer aux risques de maladies cardiaques. De plus, si vous êtes stressé ou déprimé, vous avez tendance également à vous négliger. Cela inclut la probabilité de ne pas prendre les médicaments nécessaires qui peuvent contrôler votre tension artérielle et votre maladie cardiaque.

Les activités qui peuvent réduire la pression artérielle

La gestion du stress est une compétence qui peut vous aider dans beaucoup de façons. Leur maîtrise peut vous aider à vivre une vie saine et peuvent profiter à votre santé globale, à la fois l'esprit et le corps, y compris la régulation de la pression artérielle. Les étapes suivantes peuvent vous aider à démarrer une façon de gérer votre stress.

Faites un calendrier simplifié

L'une des choses les plus difficiles pour la plupart d'entre nous est de savoir comment simplifier notre calendrier. En général, nous avons tendance à remettre à plus tard uniquement pour nous retrouver dans une course afin de terminer nos travaux, projets, missions, etc. Avec cette agitation, il est tout à fait raisonnable que notre corps accepte ce stress, ce qui est bon pour notre corps quand c'est accumulé au fil du temps.

Éliminer ou réduire les activités supplémentaires qui prennent beaucoup de temps. Par exemple, discuter avec vos amis sur Facebook prend beaucoup de votre horaire du matin. Au lieu de faire cela, vous pouvez choisir une activité plus digne, du temps où vous pouvez vous déplacer de votre corps en exerçant votre esprit, comme avec la méditation.

Soyez conscient de votre respiration

La respiration est essentielle pour nous, après tout, nous respirons pour vivre. Lorsque nous respirons, chaque cellule de notre corps prend dans l'apport d'oxygène qui contribue à la production d'énergie dans notre système. Il nous permet également de se débarrasser des toxines que notre corps doit éliminer pour rester en bonne santé.

Malheureusement, la plupart d'entre nous, prenons pour acquis la respiration. Un horaire chargé et un mode de vie trépidant contribuent en plus à notre négligence de prendre des respirations profondes qui sont très importants dans notre santé.

Vous pouvez faire des exercices de respiration simples en faisant une inhalation profonde et une exhalation tout au long de la journée. Prenez quelques respirations profondes et laissez votre corps se détendre, lâchez les facteurs de stress qui s'accumulent dans votre corps. Ce processus permet à l'admission d'oxygène et nourrit les cellules de votre corps, ce qui est une alimentation tellement nécessaire à votre survie.

Faire un travail régulier dehors

Dans notre ère moderne où les ordinateurs et divers gadgets dominent notre mode de vie, nous avons tendance à être sédentaires. Rappelez-vous que l'activité physique est un soulagement du stress naturel. Avec les conseils de votre médecin, vous pouvez planifier des exercices physiques à partir de simples activités telles que la marche ou le jogging. Vous pouvez également essayer ces différentes activités :

• Faire des tâches ménagères et le jardinage

• Monter les escaliers

• Marcher (dans le parc ou tout autre lieu de détente)

• Danser

• Jouer au tennis, au basket-ball, ou au ballon prisonnier

Méditer

La méditation est prouvée comme étant bénéfique pour la santé tant pour notre corps aue pour notre esprit. Elle nous aide à nous détendre et au calme intérieur, ce qui est essentiel pour atteindre l'équilibre.

En 2008, Randy Zusman, médecin du « Massachusetts General Hospital » a demandé à ses patients souffrant d'hypertension artérielle d'entreprendre pour une durée de trois mois un programme de relaxation à base de méditation. Ces patients prenaient régulièrement des médicaments pour contrôler leur hypertension artérielle. Au bout de trois mois, 40 des 60 patients ont affiché une baisse remarquable de leurs niveaux de pression artérielle.

En conséquence, ils ont pu réduire leur consommation de médicaments. L'explication scientifique à ce sujet est que le corps et l'esprit entrent dans l'état de relaxation, l'oxyde nitrique peut alors être formé résultant une ouverture des vaisseaux sanguins, et une régulation du débit de la pression artérielle.

Le Yoga vous aide à contrôler votre tension artérielle. Avec des étirements réguliers, vos muscles peuvent devenir flexibles avec pour résultat une pression artérielle contrôlée sans l'utilisation de médicaments. Les exercices d'étirement développent une série de réactions physiologiques qui peuvent inhiber le durcissement des artères due au vieillissement.

Développer de bonnes habitudes de sommeil

Lorsque vous êtes privé de sommeil, vous gagnez généralement du poids en raison de l'abaissement de votre leptine (l'hormone responsable de la demande à votre cerveau que vous avez déjà assez mangé de nourriture), les niveaux d'hormones et une augmentation de la biochimique appelée ghréline qui intensifie votre appétit à manger.

Cette réaction physique affecte considérablement votre comportement alimentaire, ce qui vous apporte une quantité élevée de calories dont votre corps n'a pas besoin.

En outre, la privation de sommeil rend également votre corps à libérer plus de taux d'insuline après que vous ayez mangé, cela stimule le stockage des graisses et vous expose à un risque plus élevé de diabète de type 2.

Le sommeil joue un rôle essentiel dans la réparation et la guérison de vos vaisseaux sanguins ainsi que pour votre cœur. Le manque de celui-ci favorise l'hypertension artérielle, les accidents vasculaires cérébraux et les maladies cardiaques.

Selon une étude de la « Harvard Medical School », les patients souffrant d'hypertension artérielle peuvent subir la hausse de leurs niveaux de pression artérielle tout au long de la journée jusqu'à tard le soir. Pour vous aider à combattre la privation de sommeil, voici les meilleures étapes que vous devriez respecter :

- Consommez de la caféine seulement le matin.

• Mettez de côté vos appareils mobiles et autres gadgets après le dîner.

• Observez un calendrier de réveil cohérent.

• Évitez d'utiliser des sédatifs comme le Valium, Nyquil, Ambien ou même l'alcool.

• Faites une sieste de 15 minutes tous les après-midis au lieu de boire du café.

Soyez optimiste

Avoir un état d'esprit et une attitude positive aide considérablement dans la promotion de votre santé en général. Lorsque votre esprit est détendu, votre corps crée automatiquement un équilibre et une harmonie menant à une bonne santé, et la régulation de votre taux de pression artérielle est l'un des avantages d'avoir ce calme intérieur. Oui, certaines études montrent aussi que d'être optimiste à tendance à donner à une personne une longue qualité vie. Par exemple, une personne heureuse et satisfaite qui aime rire en compagnie de ses proches parvient à mener une plus longue vie par rapport à ceux qui souffrent de dépression ou qui ont une perspective négative sur la vie.

Selon certaines études, il existe une association entre les perspectives positives et la pression artérielle. Les personnes qui ont un état d'esprit positif ont tendance à avoir le contrôle des niveaux de pression artérielle, alors que ceux qui regardent la vie dans une perspective négative ont de plus grand risque de développer une tension artérielle élevée. De plus, les personnes positives ont le plus faible pourcentage d'exposition à l'évolution d'une maladie cardiovasculaires.

Par conséquent, si vous voulez profiter d'une qualité de vie jusqu'à votre vieillesse, il est temps de recréer votre état d'esprit. Vous pouvez toujours commencer par de petites choses. En d'autres termes, vous pouvez admirer la nature, le peu de choses qui nous sont donnés comme la lumière du soleil, la chaleur, le ciel ou même la lune pendant la nuit.

Soyez conscient de votre voix intérieure et de la façon dont vous parlez à vous-même. Évitez de parler de vos erreurs ou mettant en évidence vos soucis. Avant de tenter de le faire, donnez-vous un peu d'espace pour évaluer la situation. Alors que vous pouvez voir les aspects défavorables, vous avez toujours le choix de jeter sur la question. N'oubliez pas de rire quand vous en avez la chance. Un bon rire peut aider à réduire votre fardeau mental, et même rendre plus facile la gestion de vos problèmes difficiles.

Chapitre 8 : la méditation contribue à la réduction de l'hypertension artérielle

En plus des méthodes classiques de lutte contre l'hypertension artérielle, la technique de réduction par la pleine conscience (MBRS) gagne adeptes et des praticiens du monde entier. En incorporant la méditation de pleine conscience dans votre style de vie et de l'activité de conditionnement physique plus une gestion du poids, votre objectif de réduction de la pression artérielle sera atteint et cela va aussi inverser son effet dans votre corps.

Selon une étude de recherche, pour réduire la pression artérielle et conjurer l'hypertension, il est essentiel de garder votre esprit loin du stress et de l'anxiété.

Des chercheurs de l'école de médecine de l'université Case Western ont menés une étude sur des centaines de patients souffrant d'hypertension âgés de 30 à 60 ans. Le programme était composé de 8 sessions couvrant 2 heures et demi chacune. Les participants ont ensuite été invités à méditer en utilisant un exercice de balayage du corps pendant 45 minutes, six jours par semaine. L'étude a abouti à un résultat significatif indiquant une diminution de 1,9 mm Hg de la pression artérielle diastolique (PAD) et une diminution de 4,8 mm Hg de la pression artérielle systolique (PAS). Les résultats ont été publiés dans le journal « Psychosomatic Medicine ».

Dans une étude récente sur la pression artérielle, la détresse et l'adaptation, il a été révélé que grâce à une intervention sur le corps et l'esprit chez les patients sélectionnés on a détecté une diminution de la pression artérielle par rapport à une augmentation d'adaptation et une diminution de la détresse psychologique chez les jeunes adultes favorables à l'hypertension artérielle.

Sur la base de ces études, il a été prouvé que la méditation peut être utile pour abaisser le niveau de la pression artérielle et pour lutter contre les effets néfastes du stress et de l'anxiété dans le corps humain.

En décidant de passer à un choix de vie plus sain, vous devez intégrer la méditation à votre routine quotidienne. Prendre l'habitude de la pratiquer tous les jours ou de faire des exercices de méditation, même pendant seulement 20 minutes est sûr de faire une grande différence sur la façon dont votre corps se déplace, de comment votre esprit pense, et de comment votre corps se sent.

Lorsque votre esprit et vos émotions sont calmes et contrôlables, vous êtes dans une meilleure position pour faire face à tous les défis dans votre vie et aux objectifs que vous avez fixés pour vous-même, ce qui dans ce cas, produit une régulation de votre tension artérielle à un niveau raisonnable.

Les sentiments négatifs, y compris l'inquiétude, l'anxiété et la peur ainsi que l'apparition régulière de stress auquel vous êtes exposé régulièrement via divers facteurs de stress peuvent être considérablement soulagés par une pratique quotidienne de la méditation. Vous serez surpris que votre esprit efface vos pensées confuses, éloignez-vous des comportements malsains pour voir comment vous verriez la vie dans un point de vue différent. Tous les changements dans votre vie commencent toujours par votre esprit.

Votre esprit a tout le pouvoir sur votre corps, de la pointe de vos cheveux à la pointe en bas de vos orteils. Être capable de contrôler votre esprit et de l'apprivoiser de sorte que vous pouvez le conduire à l'endroit où vous voulez est un moyen efficace de calmer votre sentiment général afin de ne pas élever les battements de votre cœur ou de pompage comme il le fait habituellement. Quand vous pouvez faire cela, alors vous se débarrasser des facteurs de stress qui ont tendance à envoyer votre pression sanguine vers le haut.

Plutôt que de faire la même routine en utilisant la même mentalité et les résultats qui en sont décevants, la méditation vous permet de définir des étapes pour un changement important dans votre vie, et cela inclut principalement, votre santé.

Gérez votre santé, sauvez votre vie !

Comme la maladie humaine est relativement liée au stress, la méditation fonctionne bien pour vous soulager du stress. Elle aide également dans le traitement des maladies. Non seulement la médiation peut résoudre le problème de risque d'hypertension artérielle ou d'hypertension, mais elle est également associée au soulagement des maladies suivantes :

- Problèmes dermatologiques

- Une légère dépression

- Le syndrome prémenstruel et de la dysménorrhée

- L'apnée du sommeil et la fatigue

- La douleur des maux de tête récurrents

- Les problèmes respiratoires comme l'asthme et l'emphysème

- Les symptômes de la polyarthrite rhumatoïde

- Les troubles gastro-intestinaux

- Le syndrome de l'intestin irritable

La santé et la condition médicale comme ceux que nous avons décrit ici peuvent sans aucun doute vous priver de la vitalité de vivre une vie de plaisir et de jouissance. Lorsque vous laissez le poids du stress vous tirer vers le bas, vous êtes accablés par l'anxiété, les pensées et les émotions négatives, cela souligne que le contrôle n'est pas vous !

Y aurait-il quelque chose de plus satisfaisant que d'avoir un remède pour une maladie liée au stress et qui est naturelle ? C'est ce que la méditation est vous offre : Une vie de bonheur, libre des griffes de cette maladie mortelle.

Une façon de faire vos exercices de méditation

Pour commencer, trouvez un endroit confortable pour faire vos exercices. Beaucoup d'anciens peuvent le faire en tout lieu et trouveraient facile à atteindre leur objectif de méditation partout et en tout temps, par contre, les débutants peuvent être facilement distrait, par conséquent, vous avez besoin d'un endroit plus calme et serein pour méditer. Vous pouvez vous asseoir sur une chaise ou sur le sol aussi longtemps que vous sentez à l'aise et détendu. Si vous avez besoin quelque chose pour apaiser vos sens, préparez-vous un peu de musique.

Commencez par fermer vos yeux ou simplement concentrez votre attention sur quelque chose comme peut-être le plancher près de l'endroit où vous êtes assis. Puis commencer à respirer doucement, en essayant de sentir l'air qui passe à travers vos narines et passe par toutes les parties de votre corps avant de passer lentement par la bouche. Sentez chaque instant, soit en vous concentrant sur votre respiration, soit en concentrant sur l'objet de votre attention.

Si vous fermez vos yeux, imaginez quelque chose, comme une image, un objet, un mantra ou tout ce que vous voulez pour vous connecter. Si vous trouvez votre esprit errant et sans mise au point, concentrez-vous lentement de nouveau sans vous juger. L'objectif est d'être en mesure de contrôler votre façon de penser et de se concentrer sur quelque chose pour ne pas être affecté émotionnellement ici, il suffit de regarder en silence ce qu'il en est à l'heure actuelle.

Vous concentrer sur votre respiration vous donne une nouvelle prise de conscience de votre vie, et pendant que vous faites cette activité, vous pourriez être en mesure de trouver un nouveau sens à votre existence. Cela peut être un exercice tout à fait simple et qui pourrait ne durer que quelques minutes, mais cela peut être aussi quelque chose de nouveau, un aperçu sera peut-être révélé à vous dans un court moment.

Court tel qu'il est, on ne peut pas imaginer les avantages que cet exercice de méditation peut apporter, physiquement, mentalement, émotionnellement et spirituellement. C'est pour cette raison que de plus en plus de gens ont recours à la méditation transcendantale ou le retour de la pleine conscience comme un moyen de traiter le stress afin inverser les effets de l'hypertension artérielle et de minimiser les risques de problèmes de santé plus graves.

Idéalement, faites pendant 15 à 30 minutes par jour de la méditation afin calmer vos sens et de les préparer à faire face aux luttes quotidiennes et aux défis de la vie. De cette façon, votre corps ne se sentira pas menacé et ne se mettra pas en mode de combat ou de fuite qui provoque la production d'un changement hormonal dans votre corps, envoyant votre cœur à faire plus de pression et à forcer ou briser la paroi artérielle.

Il y a des ressources en ligne et des outils tels que le système de CD Insight, que vous pouvez configurer par vous-même et faire ainsi une séance de méditation rapide pendant 20 minutes ou plus en fonction de vos préférences.

Tout en écoutant le CD, vous pouvez apprendre à votre cerveau à travailler la synchronisation du savoir, à former le côté gauche et droit du cerveau à travailler en accord pour créer une distribution complète des modèles d'activité et d'énergie électrique dans votre esprit au lieu qu'il soit contraint dans des zones limitées. Cet outil est conçu en accord avec le résultat d'une étude qui indique que cette synchronisation complète du cerveau est active à des moments d'intense créativité, de clarté et d'inspiration.

Pour résumer cela, si vous faites de la méditation sans une utilisation de CD audio ou tout autre outil comme celui-ci, soyez perspicace et assurez-vous d'intégrer vos exercices de méditation dans vos activités quotidiennes. Faites de cela une habitude, non seulement pour réguler votre tension artérielle élevée, mais aussi en une partie pour un mode de vie plus sain. C'est une étape simple, mais son résultat est durable et cela peut avoir un effet profond sur votre santé physique et votre bien-être mental.

Conclusion

Un nombre important de personnes souffrant d'hypertension sont maintenant fatigués d'éprouver les effets débilitants des prescriptions de médicaments pharmaceutiques et pour la plupart ils optent et recourent de nouveau aux remèdes naturels. Maintenant beaucoup se demandent si la façon naturelle de traiter la haute pression sanguine est efficace, des études prouvées répondent à cette question avec un grand « OUI ! »

Cependant, le traitement naturel est une approche holistique qui doit être consolidée dans votre style de vie pour pouvoir en bénéficier correctement. Il ne répond pas à une seule partie de votre vie, et il a besoin de faire une refonte complète de votre bien-être.

Maintenant que vous avez pris conscience de l'ampleur des remèdes naturels et de ce qu'ils peuvent faire dans votre objectif de faire baisser à un niveau raisonnable votre tension artérielle, vous pouvez utiliser ces connaissances pour réguler votre pression artérielle, pour gérer votre hypertension et pour prévenir l'apparition d'autres complications ou maladies plus graves.

L'hypertension artérielle ne peut être une tueuse silencieuse que si vous négligez et ne donner pas assez d'attention à votre style de vie. Ce n'est pas un sang élevé qui tue, mais c'est votre incapacité à créer un mode de vie sain pouvant vous donner une meilleure, une plus sûre et une belle vie !

La prochaine étape pour vous est de vous joindre à notre bulletin électronique pour recevoir les mises à jour sur les nouvelles versions de livres ou les promotions à venir.

Vous pouvez vous y inscrire gratuitement et en prime, vous recevrez également notre livre les « 7 erreurs de remise en forme, vous les faites sans le savoir »! Ce livre bonus décompose les erreurs de conditionnement physique les plus courantes et démystifie de beaucoup la complexité de la science de remise en forme. Avoir toutes ces connaissances de remise en forme et de sa science organisées dans un livre étape par étape est une action qui vous aidera à démarrer dans la bonne direction votre parcours de remise en forme ! Pour vous joindre à notre bulletin électronique gratuit et prendre votre livre gratuit, s'il vous plaît visitez le lien et inscrivez-vous à : www.hmwpublishing.com/gift

Enfin, si vous avez aimé ce livre, je voudrais vous demander une faveur, seriez-vous assez aimable pour me laisser un commentaire sur ce livre ? Ce serait vivement apprécié !

Merci et bonne chance dans votre parcours !

À propos du co-auteur

Mon nom est George Kaplo, je suis un coach (entraîneur personnel) certifié de Montréal, Canada. Je vais commencer par dire que je ne suis pas le plus grand gars que vous n'aurez jamais rencontré et cela n'a jamais vraiment été mon objectif. En fait, je commencé à travailler pour surmonter ma plus grande insécurité quand j'étais plus jeune, qui était ma confiance en soi. Cela était dû à ma taille, mesurant seulement 5 pieds 5 pouces (168cm), cela m'a poussé vers le bas pour tenter quoi que ce soit que je voulais réaliser dans la vie. Vous pouvez passer au travers des difficultés en ce moment, ou vous pouvez tout simplement vous mettre en forme, et je peux certainement le raconter.

Personnellement, je me suis toujours un peu intéressé au monde de la santé et de la remise en forme et je voulais gagner un peu de muscle en raison des nombreuses brimades de mon adolescence sur ma taille et mon corps en surpoids. Je me suis dit que je ne pouvais rien faire de ma taille, mais que je pouvais faire quelque chose sur ce à quoi mon corps ressemblait. Ce fut le début de mon parcours de transformation. Je ne savais pas où commencer, mais je me suis lancé. Je me sentais inquiet, parfois j'avais peur que d'autres personnes se moque de moi si je faisais les exercices dans le mauvais sens. J'ai toujours souhaité avoir un ami à côté de moi qui serait assez bien informé pour m'aider à démarrer et pour me « montrer les cordes. »

Après beaucoup de travail, d'études et d'innombrables essais et erreurs. Certaines personnes ont commencé à remarquer que je devenais de plus en plus en forme alors que je commençais à former un intérêt vif pour le sujet. Cela a conduit beaucoup d'amis et de nouveaux visages à venir me voir et à me demander des conseils de remise en forme. Au début, il semblait étrange quand les gens me demandaient de les aider à se mettre en forme. Mais ce qui m'a gardé est quand ils ont commencé à voir des changements dans leur propre corps et qu'ils m'ont dit que c'est la première fois qu'ils voient des résultats concrets ! A partir de là, plus de gens ont continué à venir à moi, et cela m'a fait prendre conscience après avoir lu tant et étudier dans ce domaine que cela m'a aidé, mais aussi que cela m'a permis d'aider les autres. Je suis maintenant un entraîneur personnel entièrement certifié et j'ai formé de nombreux clients à ce jour qui ont obtenu des résultats étonnants.

Aujourd'hui, mon frère Alex Kaplo (également un entraîneur personnel certifié) et moi, possédons et exploitons cette entreprise d'édition, où nous amenons les auteurs passionnés et les experts à écrire sur des sujets de santé et de remise en forme. Nous organisons également un site de remise en forme en ligne « HelpMeWorkout.com » et j'aimerais vous y connecter en vous invitant à visiter notre site Web à la page suivante et en vous inscrivant à notre newsletter via votre email (vous allez même obtenir un livre gratuit). Mais l'on n'a rien sans rien, si vous êtes dans la position où j'étais au début et que vous voulez quelques conseils, n'hésitez pas à demander ... Je serai là pour vous aider !

Votre ami et entraîneur,
George Kaplo
Entraîneur personnel certifié

Télécharger un autre livre gratuitement

Je tiens à vous remercier d'avoir acheté ce livre, c'est pourquoi, je vous offre un autre livre (tout aussi long et utile que ce livre), « Erreurs de santé et de remise en forme : Vous en faites sans le savoir », totalement gratuitement.

Visitez le lien ci-dessous pour inscrire et le recevoir :
www.hmwpublishing.com/gift

Dans ce livre, je mets en évidence les erreurs de santé et de remise en forme les plus courantes, que probablement vous commettez en ce moment même, et je vais vous révéler comment vous pouvez facilement obtenir une meilleure forme dans votre vie !

En plus de ce cadeau utile, vous aurez aussi l'occasion d'obtenir nos nouveaux livres gratuitement, de concourir pour des cadeaux, et de recevoir d'autres e-mails utiles de ma part. Encore une fois, visitez le lien pour vous inscrire : www.hmwpublishing.com/gift

Droit d'auteur 2017 par HMW Publishing - Tous droits réservés.

Ce document de HPM Publishing appartenant à la société A & G Direct Inc, vise à fournir de l'information exacte et fiable en ce qui concerne le sujet et les problèmes couvert. La publication est vendue avec l'idée que l'éditeur n'est pas tenu responsable, officiellement autorisé, ou non, des services qualifiés. Si des conseils sont nécessaires, juridiques ou professionnels, une personne pratiquant la profession doit être recommandé.

A partir d'une déclaration de principes qui a été acceptée et approuvée également par un comité de l'Association du Barreau américain et un Comité des éditeurs et des associations.

En aucun cas, il est légal de reproduire, dupliquer ou transmettre une partie de ce document que ce soit par des moyens électroniques ou que ce soit en format imprimé. L'enregistrement de cette publication est strictement interdit, et tout stockage de ce document n'est pas autorisé, sauf avec la permission écrite de l'éditeur. Tous droits réservés.

L'information fournie est indiquée pour être honnête et cohérente, toute responsabilité, en termes de manque d'attention ou autrement, par toute utilisation ou abus de toute conditions, des processus ou des directions contenues sont de la responsabilité solitaire et totale du lecteur destinataire. En aucun cas, la responsabilité légale ne peut être invoqué de même que la faute de l'éditeur pour une réparation, des dommages ou des pertes financières en raison des informations présentes que ce soit directement ou indirectement.

Les informations sont présentées ici à titre d'information uniquement, et c'est universel comme cela. La présentation de l'information est sans contrat ou tout autre type d'assurance de garantie.

Les marques de commerce utilisées sont sans consentement, et la publication de la marque est sans autorisation ou soutien du propriétaire de la marque. Toutes les marques et marques déposés décrites dans ce livre ont un but de clarification et restent la propriété des propriétaires eux-mêmes, elles ne sont pas affiliées à ce document.

Pour encore plus d'excellents livres visitez :

HMWPublishing.com

www.ingramcontent.com/pod-product-compliance
Lightning Source LLC
Chambersburg PA
CBHW070924080526
44589CB00013B/1425